Knaur ®

Dieses Buch wurde auf chlor- und säurefreiem Papier gedruckt.

Originalausgabe Januar 1996
© 1996 Droemersche Verlagsanstalt Th. Knaur Nachf., München
Das Werk einschließlich aller seiner Teile ist urheberrechtlich geschützt.
Jede Verwertung außerhalb der engen Grenzen des Urheberrechts-
gesetzes ist ohne Zustimmung des Verlages unzulässig und strafbar.
Das gilt insbesondere für Vervielfältigungen, Übersetzungen,
Mikroverfilmungen und die Einspeicherung und Verarbeitung
in elektronischen Systemen.
Umschlagillustration: Dietmar Grosse
Satz: IBV Satz- und Datentechnik GmbH, Berlin
Reproduktion: Repro Knopp, Inning / Ammersee
Druck und Bindung: Ebner Ulm
Printed in Germany
ISBN 3-426-73043-X

5 4 3 2 1

E. Gambsch (Hrsg.)
Die 300 besten Berliner-Witze

Mit Illustrationen von Dietmar Grosse

Von E. Gambsch sind außerdem erschienen:

Die 300 besten Party-Witze (Band 2648)
Die 300 besten Pfarrer-Witze (Band 2649)
Die 300 besten Tier-Witze (Band 2650)
Die 300 besten Erotik-Witze (Band 2651)
Die 300 besten Touristen-Witze (Band 2652)
Die 300 besten Familien-Witze (Band 2653)
Die 300 besten Ärzte-Witze (Band 2768)
Die 300 besten Beamten-Witze (Band 2770)
Die 300 besten Ehe-Witze (Band 2772)
Die 300 besten Sex-Witze (Band 2773)
Die 300 besten Soldaten-Witze (Band 2797)
Die 300 besten Irren-Witze (Band 2780)
Die 300 besten Horror-Witze (Band 2781)
Die 300 besten Büro-Witze (Band 2782)
Die 300 besten Autofahrer-Witze (Band 2783)
Die 300 besten Juristen-Witze (Band 2784)
Die 300 besten Graf-Bobby-Witze (Band 2785)
Die 300 besten Schüler-Witze (Band 2796)
Die 300 besten Sportler-Witze (Band 2798)
Die 200 besten Dino-Witze (Band 73023)
Die 300 besten Politiker-Witze (Band 73040)
Die 300 besten Schlafzimmer-Witze (Band 73041)

Inhalt

»Ick hab die Rejenwürmer nur im Mund, damit
se nich türmen!«
oder

»Also, ick weeß nich, ick jloobe, meen Oller is ma lieba«

oder

Berliner Eheleben

Als Frau Betke auf dem Markt einkauft, fällt bei der Suche nach der Geldbörse plötzlich ein Gebiß aus der Handtasche.

»He, Frau Betke«, sagt die Gemüsefrau, »Se ham Ihr Jebiß verlorn!«

»Nee, nee«, widerspricht Frau Betke, »det jehört mein Mann. Det muß ick imma mitnehm, wenn ick fortjeh, sonst frißt mir der Paule die janze Wurscht weg.«

*

»Is det Ihr Mann, gnädje Frau?« fragt der Barkeeper, als er dem sturzbetrunkenen älteren Herrn, der mit dem Hocker umgekippt war, wieder auf die Beine hilft.

»Natürlich is det mein Oller«, faucht sie wütend. »Oder dachten Sie, det ick mit solch eenem Individuum een Verhältnis hätte?«

*

Blankenstein kommt mit einem Mordsdurst nach Hause.

»Een Bier muß her!« herrscht er seine Frau an.

»Ick hab aba nur Wasser ins Haus.«

»Seit wann«, stöhnt Blankenstein, »wäscht man sich denn jejen Durscht?«

*

Frau Opitz hat den Führerschein gemacht. Ihr Mann überläßt ihr großzügig, wenn auch etwas mißtrauisch, das Steuer, als sie am nächsten Wochenende ins Grüne fahren.

Forsch braust sie dahin, dann schreit sie jedoch plötzlich: »Hugo, die Bremsen jehn nich mehr!«

»Imma mit die Ruhe!« sagt Opitz. »Halt die Luft an und probier et noch mal. Und wenn se wirklich nich jehn, dann fahr wenichstens jejen wat Billjet!«

»An wat is denn Ihr Oller jestorben?«
»Na, Se wissen doch: die Liebe und der Suff!«
»Liebe ooch? Wen hat er denn jeliebt?«
»Den Suff!«

*

Bode kommt nach Hause. Er möchte zu Mittag essen, aber die Küche ist leer, der Herd ist kalt. Er ruft nach seiner Frau: »Henriette!«
Sie antwortet aus dem Schlafzimmer. Er geht hinein. Da liegt sie im Bett und flüstert: »Jekocht hab ick nix, aber kiek ma, wie ick hier lieje!«

Jammerte der Ehemann:

»Ick hab een Holzsplitter im Finger!«
»Du hast dir wohl am Kopf jekratzt?« will seine Frau wissen.

Peschke hat eine Tochter, und beinahe auch schon einen Schwiegersohn. Der macht einen Antrittsbesuch.
»Ick rooche nich, und ick trinke nich«, sagt er. »Ich rühre keene Karten nich an. Und darum bitte ick Ihnen um die Hand Ihres Frollein Tochta, Herr Peschke.«
»Also, det schlajen Se sich aus dem Koppe«, meint Peschke.
»Aba, warum wollen Se mir denn Ihre Frieda nich jeben?«
»Männeken, det is doch klar! Glooben Se, ick lasse mir denn imma meinen Schwiejersohn als jutes Beispiel vor Oojen halten?«

»Das verstehe ich nicht, Frau Bolle. Sie behaupten immer, Sie würden Ihren Mann am liebsten vergiften, und doch bekommen Sie jedes Jahr ein Kind von ihm!«

»Ja, was tut man nicht alles in seiner Wut!«

*

Ede trompetet seine Weisheit am Stammtisch aus: »Die Ehe is ne Tombola!«

Karl nickt müde mit dem Kopf: »Drum, denn hab ick 'nen Trostpreis jekriecht.«

*

Frau Niesel schimpft über die ewige Raucherei ihres Mannes: »Die Jadinen stinken, und in die Tischdecke haste een Loch rinjebrannt!«

Niesel läßt das kalt. Er reagiert überhaupt nicht.

Da ärgert sich Frau Niesel noch mehr und zischt: »Außerdem – Tabak is een janz langsam wirjendes Jift!«

Brummt Niesel zurück: »Meenste, Olle, wejen dia werd ick Zyankali roochen?«

*

Nachts redet der Herr Gemahl im Traum so laut, daß seine Frau aufwacht und hört, wie er mehrmals »Mariechen, Mariechen« sagt.

Da sie Emilie heißt, will sie wissen, was das zu bedeuten hat, und weckt ihn: »Wat is denn dat forn Mariechen, von der du im Traum sprichst?«

Er ist plötzlich hellwach: »Mariechen is doch dat Ferd, auf das ick beim Rennen jesetzt hab.«

Als er abends nach Hause kommt, fragt er: »Jibt's wat Neues?«

»Nee, eijentlich nich«, meint sie. »Dat heeßt doch: Dein Ferd hat anjerufen!«

Es ist sehr spät, als Fridolin nach Hause kommt. Blaß liegt seine Frau im Bett.

»Wo haste bloß jesteckt?« ruft sie. »Ich hab die janze Nacht keen Ooge zujemacht!«

Beruhigt sie Fridolin: »Denkste icke?«

*

Ein Ehepaar liegt friedlich im Bett und schläft. Plötzlich hört die Frau ein Geräusch und weckt ihren Mann. Er soll nachsehen, ob ein Einbrecher in der Wohnung ist. Der Mann erhebt sich, wankt zur Tür, macht sie auf und ruft: »Is hier jemand?«

»Nee!« schallt es zurück.

Da legt sich der Mann wieder ins Bett und sagt zu seiner Frau: »Siehst, is niemand da.«

Es fragte der Mann am Stammtisch:

»Wat is een Junggeselle?«
»Det is doch einfach. Det is eener, dem zum Jlück die Frau fehlt!«

Paule kommt in der Nacht sturzbetrunken nach Hause. Kaum hat er die Wohnungstür aufgeschlossen, prasseln schon harte Schläge mit dem Nudelholz auf ihn nieder. Endlich hört die Schlägerei auf, eine Frau schaut ihn an und schreit: »Um Himmels willen, Sie sind ja gar nicht mein Mann!«

Stöhnt Paule: »Ick Esel! Da hab ick mir in der Wohnungstür geirrt und muß jetzt den janzen Mist noch mal durchmachen!«

Eine Reinemachefrau staubt im Museum die griechischen Plastiken ab. Vor einem nackten Hermes bleibt sie etwas länger stehen, mustert ihn und meint dann: »Also, ick weeß nich, ick jloobe, meen Oller is ma lieba.«

*

Mit einem blauen Auge und einigen Platzwunden kommt die jungverheiratete Frau in die Praxis ihres Hausarztes. Sie berichtet ihm, daß die Verletzungen von ihrem Mann stammen.
»Ich dachte«, sagt der Doktor, »Ihr Mann is verreist.«
»Ja, det dacht ick ooch.«

*

Damaschke steht unter der Dusche und schaut wohlgefällig an sich herunter.
»Na, Alter«, murmelt er, »wir zwei Prachtburschen haben schon so manchen Sturm zusammen erlebt.«
Steckt Frau Damaschke ihren Kopf herein und sagt: »Deshalb hängt er auch so an dir.«

*

Nowak beklagt sich am Stammtisch: »Imma, wenn ick anjeheitert nach Hause komme, wird meine Olle historisch.«
»Wieso denn det?«
»Na, se fängt imma bei Adam und Eva an.«

*

Als Neumann im Sterben liegt, ruft er nach seiner Frau. Antwortet sie aus dem Nebenzimmer: »Du weeßt doch, Emil, ick kann keene Leichen sehn!«

HEUTE HAT MIR EINE ZIGEUNERIN GESAGT, DASS ICH ALT WERDE.
NA SIEHSTE, DIE HAT ES OOCH SCHON JEMERKT.

Frieda ist gestorben. Ihr Mann gibt dem Totengräber nach der Beerdigung fünf Mark Trinkgeld. Der mustert prüfend das Geldstück, dann sagt er: »Det Trinkgeld richtet sich imma nach den Schmerz von die Anjehörijen.«
Der Witwer geht auf ihn zu und streckt die Hand aus: »Na, denn jehm Se et mir ma wieda.«

*

Frau Rehfeld kommt stolz vom Einkauf zurück und berichtet: »Stell dir vor, Männe, mich hat een Vakäufer Frollein jenannt.«
»Det is mir klar«, stimmt ihr Mann zu. »Wer soll denn ooch uff die Idee kommen, dir hätte eener jeheiratet!«

Sagte Frau Kulicke zu ihrem Mann:

»Heute hat mir eine Zigeunerin gesagt, daß ich alt werde.«
»Na siehste, die hat es ooch schon jemerkt.«

»Wenn ick det so recht bedenke«, sagt Bolle zu seinem Kneipennachbar, »jetzt arbeite ick schon ein Vierteljahrhundert für denselben Chef.«
»Ja, ja«, seufzt der andere, »ick bin ooch schon so lange verheiratet.«

*

»Ob ich als Friedensengel auf den Maskenball jehe, Karlemann?«
»Geh lieba als Stänkerlieschen, det paßt besser zu dir.«

Frau Bieber kauft auf dem Wochenmarkt Trauben ein und erkundigt sich: »Sind die ooch nich mit irjendein Jift gespritzt? Mein Mann hat so 'n empfindlichen Magen.« Mißbilligend mustert sie die Marktfrau: »Wat wollen Se, für eene Mark ooch noch Jift? Nee, nee, det holen Se sich mal selba in die Apotheke.«

*

Die Streitereien des Ehepaares werden immer heftiger, arten in Schlägereien aus, und eines Tages will sie ihm sogar mit einem Klappmesser an die Gurgel, doch das Messer springt nicht heraus. Lacht er: »Imma det jleiche mit dir. Wenn de schon wat koofst, funktioniert's nie!«

*

Fragt Piontek seinen Freund: »Was reizt dich nach dreißigjähriger Ehe eigentlich noch an deiner Frau?« Antwortet der: »Jedes Wort, Piontek, aber auch jedes Wort!«

*

Lieschen ist sehr krank und sagt zu ihrem Mann: »Det is mir klar wie Kloßbriehe, det erste, wat de tust, wenn ick sterbe, is wieda heiraten.« »Nee, nee«, tröstet er sie, »dat janz bestimmt nich. Erst muß ick mir erholen.«

*

Herr und Frau Kusicke sind in der Oper. Als Tannhäuser an der Bahre Elisabeths zusammenbricht, beginnt Frau Kusicke heftig zu schluchzen. Tröstet sie Herr Kusicke: »Weine man nicht, Auguste, det wäre ja bloß eene unjlückliche Ehe jeworden.«

17

Frau Micke ist die ewigen Streitereien satt. Ihr platzt der Kragen, und sie brüllt ihren Mann an: »Jetzt hab ick det alles aba satt. Ick jeh ins Wasser. Und die Katze nehm ick ooch mit!«

»Kommt jar nich in Frage«, sagt Herr Micke. »Die Katze bleibt hier!«

*

Mitzlow spaziert mit seiner Frau über den Ku-Damm. Sie haben sich gerade gestritten, da zischt Mitzlow: »Emma, mach trotzdem een jlückliches Jesicht. Da vorn kommt meine erste Frau.«

Fragte der Freund:

»Warum hauste denn imma deine Olle?«
»Weil det Aas sagt, se is unjlücklich verheiratet!«

Bolle will einen Wellensittich kaufen. Er geht in eine Tierhandlung, und der Inhaber empfiehlt ihm einen blauen Sittich: »Det is een janz jelehriges Tierchen. Jarantiert spricht er den Namen von Ihre werte Frau Jemahlin in spätestens vier Wochen.«

Bolle zuckt zurück: »Wissen Se, denn nehm ick doch lieba Joldfische.«

*

Als er nach Hause kommt, faucht seine Frau ihn an: »Na, du hast ja 'nen schönen Rausch!«

Lächelt er selig: »Endlich jefällt dir mal wat an mir.«

»Det nich, aba einen juten Dietrich und een ausjezeichnetes Brecheisen«

oder

Berliner Justiz und Ganoven

Nante ist Stammgast bei Gericht, und der Richter fragt ihn: »Haben Sie noch etwas zu Ihrer Verteidigung beizufügen, Angeklagter?«
»Nee, Herr Richter«, meint Nante. »Jeben Se mich nur jefälligst wieder eene kleene Jefängnisstrafe. Ick war mit die Kost und die Logis det letztemal sehr zufrieden.«

*

Ede und Lude sehen sich das Bild eines Filmstars an.
»Die hab ick berühmt jemacht«, prahlt Ede.
»Du? Wieso du?«
»Na, ick hab ihr doch mal die Brilljanten jeklaut.«

*

Nach dem Freispruch des Autofahrers fragt der Anwalt:
»Nun, waren Sie mit meiner Verteidigung zufrieden?«
»Klasse! Wenn ick vorher jewußt hätte, wat forn juter Autofahrer ick bin, dann hätt ick Ihnen ja nich nötig jehabt.«

*

»Wie kamen Sie dazu, Angeklagter, eine solche Menge von Betrügereien auszuführen?«
»Ick hab mal irjendwo jelesen, Herr Rat, die Welt will betrogen sein. Und da sagte ick zu mich, August, sagte ick, det is det Geschäft von dir.«

*

»Hinter schwedischen Gardinen hast du auch schon gesessen? Aber wie ist das möglich, du bist doch aus einer so guten Familie?«
»Ach, auf so wat nehmen se heute keene Rücksicht mehr. Früher war det eben anders.«

»Sie behaupten, keine verbrecherischen Absichten gehabt zu haben, als Sie in das Haus gekommen sind«, sagt der Richter zu dem Angeklagten. »Aber warum hatten Sie dann die Schuhe ausgezogen und liefen in Strümpfen herum?«

»Det ist so, Herr Jerichtshof, ick hatte jehört, daß in die Familie eens krank is. Na, und denn is man doch ooch zartfühlend.«

Es fragte die Ganovenbraut vor dem Pelzgeschäft:

»Wat gloobste, Ede, wat der Persianer da hinten kostet?«
»Ein Jahr mindestens«, brummte er.

Um sich ein Bild vom modernen Strafvollzug zu machen, besucht ein Politiker ein Gefängnis und fragt den Einbrecher: »Nun, warum sind Sie hier?«
»Det war janz einfach, Chef. Ick hab meine Braut Emma entführen wollen, und da hab ick in der Eile nur ihre Mitjift erwischt.«

*

Verhandlung vor dem Landgericht. Die Kammer hat große Mühe, einen schlau eingefädelten Diebstahl zu rekonstruieren. Gönnerhaft sagt der Vorsitzende zum Angeklagten: »Für die paar Jahre, die Sie in die Schule gegangen sind, sind Sie ja ganz schön intelligent!«
»Ick würde Ihnen ja det Kompliment jerne zurückjeben, Herr Rat«, entschuldigt sich der Angeklagte, »aba Se wissen ja, ick stehe unter Eid.«

Er ist ein ganz schwerer Junge. Seine Braut fragt ihn: »Haste nich een Bild von dir, det ick imma bei mir tragen kann?«
Er überlegt: »Draußen an die Litfaßsäule hängt mein neuester Steckbrief, den kannste ham. Ick finde mir jut getroffen.«

*

Krawutke hat es erwischt, und seine Frau besucht ihn im Gefängnis. Besorgt erkundigt sie sich nach seinem Wohlergehen.
Muffelt er: »Det Essen is ja een mieser Fraß, aba wenichstens zwingen se eenem nich, ooch noch det Jeschirr zu waschen.«

*

»Ick habe jehört, du hast deinem Bruder die Mittel jejeben, um ein Juweliergeschäft aufzumachen. Hast du denn so jroße Ersparnisse?«
»Det nich, aber einen juten Dietrich und een ausjezeichnetes Brecheisen.«

*

Der Richter fragt den Angeklagten: »Wie kamen Sie dazu, vor dem Friedhof ein Fahrrad zu stehlen?«
»Na ja, wie et so jeht. Als det Rad so traurich an der Friedhofsmauer stand, da dachte ick, sicher is sein Besitzer jestorben. Und da wollt ick mir seiner annehmen.«

*

»Wat denn, Harry, du im Jefängnis? Wie konnte det passieren?«
»Janz einfach: zu lange Finger und zu kurze Beene.«

»Nee, Männe, die Freude. Du hast dir for mir fotografieren lassen!«

»Ja siehste, wie se mir damals beim Verhör zwangsweise jeknipst ham, hab ick mir jleich jedacht, det Bild klau ick for meine Erna.«

*

»Geben Sie zu, daß Sie den Kläger geohrfeigt haben?« fragt der Richter.

»Nein!« knurrt Schulze.

»Er lügt, Herr Richter«, beschwert sich der Kläger.

»Halt die Schnauze«, faucht Schulze, »sonst klebe ick dir noch eene.«

Es fragte der Kumpel:

»Wat kostet denn dein neuer Anzug, Emil?«
»Det weeß ick nich, det erfahre ick erst vor Jericht.«

Ein entlassener Sträfling hat bei einem Freund, den er im Knast kennengelernt hatte, Arbeit und Unterkunft gefunden. Nach drei Monaten bittet ihn der Freund in sein Büro und erklärt ihm:

»Ede, ick habe jemerkt, det du schon fuffzichtausend Märker aus der Kasse jeklaut hast. Ick habe jemerkt, det du meinen Wagen zu Bruch jefahren hast. Ick habe jemerkt, det du bei meener Tochter pennst, und ick habe ooch jemerkt, det meine Olle een Kind von dir kriecht. Deshalb will ick dir det eene sajen: Wenn noch die jeringste Kleinigkeit passiert, muß ick dir leider kündijen!«

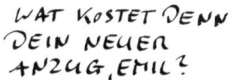

»Verflixt und zujenäht«, flucht Rogoski, »jetzt wollte ick ein anständiger Mensch werden und habe den janzen Monat umsonst jearbeitet.«

»Wat is denn passiert?«

»Stell dir vor. Da brauch ick einen janzen Monat, um endlich die Unterschrift von meinem Chef fälschen zu können, und nun macht der Lump Pleite.«

*

Der schon mehrfach vorbestrafte Schremmer steht wieder einmal vor Gericht.

»Wollen Sie nicht lieber ein offenes Geständnis ablegen?« erkundigt sich der Vorsitzende.

»Nee, nee«, wehrt Schremmer entrüstet ab, »det frajen Se jedesmal, und immer falle ick wieder drauf rein.«

Es fragte der Richter:

»Angeklagter, Sie haben also Karnickel gestohlen. Hat die Stalltür nun offengestanden oder war sie geschlossen?«

»Offenjestanden: jeschlossen!«

Fragt der Richter den Radaubruder: »Warum stehen Sie unter Polizeiaufsicht?«

»Tja«, kommt die Antwort achselzuckend, »det möcht ick ooch wissen. Jestern haben se mir uff der Straße jämmerlich verhauen, aber glooben Se, et wär een Polizist zu sehen jewesen? Und so wat nennt sich Polizeiaufsicht!«

ANGEKLAGTER, SIE HABEN ALSO KARNICKEL GESTOHLEN. HAT DIE STALLTÜR NUN OFFENGESTANDEN ODER WAR SIE GESCHLOSSEN?
OFFEN-JESTANDEN: JESCHLOSSEN!

»Und nach Ihren Frikadellen zu
schließen, sind Sie Bäcker«

oder

Berliner in der Fremde
und Fremde in Berlin

Ein Berliner macht Urlaub in Sizilien. Ihm gefällt die Landschaft und die Freundlichkeit der Menschen.

Als er oben auf dem Ätna steht und sich eine Zigarette anzünden will, merkt er, daß er weder Streichhölzer noch Feuerzeug bei sich hat.

Da brodelt der Vulkan, und ein Stück Lava fällt neben ihm nieder. Er setzt an der glühenden Masse seine Zigarette in Brand und sagt dankend: »Sehr aufmerksam, wirklich kolossaler Kundendienst.«

*

Beerbaum berichtet einem Bayern von seinen Jagderlebnissen in Afrika: »Löwen jeschossen – rin in'n Rucksack! Jiraffe geschossen – rin in'n Rucksack. Elefanten jeschossen...«

»Halt!« befiehlt der Bayer. »Schießen hast du ihn noch dürfen, aber wenn du den auch noch in den Rucksack stecken willst, hau ich dir a Watsch'n runter!«

*

Zwei Freunde sitzen bei Kranzler, als ein Omnibus von der Stadtrundfahrt langsam vorbeirollt. Der Wagen ist proppevoll.

»Sag mal«, fragt der eine Freund den anderen: »Was sind denn das alles für Menschen da drin?«

»Det sind Berliner, die sich ihre Fremden ankieken wollen.«

*

»Wie war es in Rom? Haben Sie auch alles besichtigt, Kapitol und so?«

»Na, hörn Se mal«, entrüstet sich der Berliner. »Halten Se uns ma nich for janz unjebildet. Wir wern doch in Rom nich ins Kino jehn.«

31

Dem kleinen Berliner gefällt es großartig auf dem ober-
bayerischen Bauernhof. Am Ende der ersten Urlaubswo-
che wird dem Bauern eine Kuh gestohlen.
»Au fein«, sagt der Junge begeistert, »da freu ick mir aba
sehr, det der Klaubruder so rinjefallen is.«
»Wieso denn das?«
»Na klar! Jestern abend hat doch die Resi noch die janze
Milch aus der Kuh abjelassen.«

Fragte Ede seinen Freund:

»Hast du in München auch die Löwen vor der Feld-
herrnhalle jesehen?«
»Jesehen? Ick hab se sojar jefüttert!«

Ein Fremder fragt einen Berliner Jungen: »Kannst du mir
sagen, wo hier das Kreiskrankenhaus ist?«
»Kreiskrankenhaus? Nee, det haben wa nich. Unseres is
viereckig. Aba wat Se meenen, dat is de Jasanstalt.«

*

Ein Berliner sitzt in der U-Bahn mit einem Fremden zusam-
men, der unbedingt ein Gespräch mit ihm anknüpfen will.
Der Berliner tut so, wie wenn er ihn nicht verstehen würde.
Der Fremde fragt ihn, ob er vielleicht Amerikaner sei.
Der Berliner antwortet nicht.
»Franzose vielleicht?«
Der Berliner schweigt.
»Italiener?«
Da schüttelt der Berliner den Kopf: »Nee, ick bin een chi-
nesischer Neger.«

»Sagen Sie mal«, fragt der Fremde einen Berliner, »wenn ich in dieser Richtung weitergehe, liegt da der Alexanderplatz?«

»Wenn Se nich weitergehen, liegt er ooch da.«

Fragte der Fremde:

»Junge, wie komme ich am schnellsten zum Theater?«

»Wenn Sie schnell laufen!«

Ein Münchner hat Besuch von einem Berliner Geschäftsfreund. Er zeigt ihm die Stadt, doch sie beeindruckt den Berliner nicht besonders.

Da fährt der Münchner an einem leuchtenden Föhntag mit ihm an den Starnberger See. Das Wasser ist tieftürkis, der Himmel strahlender Azur, und vor ihnen liegt in blendendem Licht das Alpenmassiv.

»No, is des schee?« fragt der Münchner.

»Ick weeß nich«, hat der Berliner seine Zweifel. »Nehm Se die Berje weg und den See – und et is jar nischt Besonderes mehr.«

*

Ein Münchner und ein Berliner unterhalten sich. Sagt der Bayer: »Ich habe zwei Zeitungen abonniert, eine Münchner und eine Berliner. Die eine lese ich, die Berliner verwende ich für etwas anderes. Sie verstehen schon.«

»Dann passen Sie aber auf, daß Ihr Hintern eines Tages nicht schlauer ist als Ihr Kopf«, entgegnete der Berliner seelenruhig.

Pawalke macht Urlaub in Spanien. In einem Hotel in Sevilla trifft er einen Bekannten, der ihn fragt: »Gehen Sie mit zum ›Barbier von Sevilla‹ heute abend?«
Pawalke lehnt ab: »Nee, ick rasiere mir selba.«

*

»Ja mei, die Urlauber aus Berlin und Umgebung sind ja ganz dermatscht«, sagt der Oberammergauer nach einer Bergwanderung.
»Keen Wunder, bei diesen steilen Wegen. So was kann ja auch nur in Bayern vorkommen! Bei uns in Berlin und der Mark Brandenburg sind alle Wege einjeebnet.«

*

Der Alpenwirt fragt den Berliner: »Gibt es in Berlin auch so hohe Berge wie bei uns?«
»Nee, aber wenn wir welche hätten, wären sie viel, viel höher.«

*

Zwei Berlinerinnen unterhalten sich.
»Wir sind in diesem Jahr uff Teneriffa jewesen«, sagt die eine.
»Wo liecht denn det?«
»Keene Ahnung, wir sind jeflogen.«

*

»Mensch, Willi, ick sage dir, ick war zum Kölner Karneval. Das war eine Wucht, eine Wolke! Ich habe drei Tage keen Bett jesehen.«
»Wat, drei Tage keen Bett jesehen? Da haste ja det Schönste nich mitjemacht.«

Ein Hamburger geht in Berlin über die Straße zu einem Polizisten und fragt ihn: »Können Sie mir bitte sagen, wo die Linie Zweiundzwanzig hinfährt?«
»Wenn Se nich sofort von die Schienen jehen, fährt se Ihnen direkt ins Kreuz.«

Fragte die Berlin-Besucherin den Fahrer:

»Kommt jetzt der Kurfürstendamm?«
»Nee, der kommt nich. Wir fahren hin.«

Ein Provinzler kommt zum erstenmal nach Berlin zu Besuch bei einem Bekannten.
Mittags gehen sie zusammen in ein Restaurant, in dem es ihnen vorzüglich schmeckt. Als sie bezahlt haben, fragt der Berliner: »Weeßt du überhaupt, wat du jejessen hast? Allet war vom Ferd.«
»Was«, staunt der andere, »das Apfelmus auch?«

*

»Sie verzeihen – ich bin hier fremd – komme ich in dieser Richtung zum Alexanderplatz?«
»Jewiß! Jeradeaus nach ungefähr vierzigtausend Kilometer. Wenn Se sich umdrehen, brauchen Se fünf Minuten.«

*

Am Vierwaldstätter See sitzt ein Maler vor seiner Staffelei. Ein Berliner Urlauber kommt mit seinem Sohn vorbei und belehrt ihn: »Siehste woll, soweit kommt det, wennste imma dein Fotoapparat verjißt.«

Ein Schweizer besucht Berlin. Vor einer Verkehrsampel muß er halten: rotes Licht. Interessiert betrachtet er das Leben und Treiben auf der Straße. Als die Ampel Grün zeigt, ist er immer noch in seine Betrachtungen versunken. Nach einer Weile beugt sich ein Taxifahrer aus dem Fenster und ruft: »He, Wilhelm Tell, der Apfel is reif – nu schieß los!«

*

Krücke gefällt es in seinem Urlaubsort ausgezeichnet. Nur ein ständig um ihn herumflatterndes und gackerndes Huhn stört ihn.
Einige Tage lang erträgt er es mit Geduld, doch dann schreit er wütend: »Hau ab, du wildjewordene Klosettbürste, sonst bestell ick dir zum Mittachessen!«

*

Bei der Safari bricht plötzlich ein Gorilla aus dem Gebüsch, greift sich die schreiende Frau Menke und verschwindet mit ihr im Urwald.
Staunt Herr Menke: »Ick möchte bloß wissen, wat der an meiner Ollen findet.«

*

Die Reisegesellschaft fährt mit dem Omnibus durch Rom. Der Reiseleiter erklärt Baudenkmäler, Plätze, Brunnen und erzählt, was früher in Rom alles geschah.
Als der Omnibus durch die Via Appia fährt, fragt Pieseke: »Was sind das denn für schreckliche Gemäuer hier?«
»Das, mein Herr«, sagt der Reiseleiter, »sind die Ruinen der alten Kaiserpaläste.«
»Jetzt spaßen Se aber«, zweifelt Pieseke. »Das glooben Se doch selbst nich, daß de ollen Römer in solchen Höhlen jewohnt haben.«

Die Berliner sind mit ihren Kindern an die Nordsee gefahren. Sie wohnen in einer stinkfeinen Pension, in der es nur so von vornehmen Gästen wimmelt. Eine Dame am Nebentisch stört, daß Karlchen gern mit vollem Mund redet.
Sie weist ihn zurecht: »Wie kann man nur mit vollem Mund sprechen?«
Karlchen schiebt einen Bissen in die linke Backe und erklärt ihr: »Det is allet Training, Tante!«

*

Ein Berliner sucht in Wien eine Straße.
»Männeken«, haut er einen Einheimischen an, »sajen Se mal, wo is denn hier der Schottenring?«
»Könnten Sie nicht auch a bisserl netter fragen?« brummt der Wiener pikiert.
»Nee«, sagt der Berliner. »Lieber verloof ick mir.«

*

Familie Krause ist in Oberbayern in Urlaub. Der Sohn ist unartig und soll im Hühnerstall eingesperrt werden.
Weinend ruft er: »Jut, von mir aus könnt ihr mir einsperren, aba dat saje ick euch jleich, Eier lejen tu ick nich.«

*

Zwei Berliner stapfen durch die Wüste, beide in Badehose, Schwimmflossen um, Schnorchelhelm in der Hand. Sie begegnen einem Beduinen und fragen ihn: »Wie weit ist es denn noch zum Meer?«
Der Beduine überlegt einen Augenblick, dann sagt er: »Etwa fünfhundert Kilometer.«
Da kratzt sich der eine Berliner am Kopf und sagt zum anderen: »Dufter Strand, wa?«

Aus einem Touristenbus steigt in Paris ein Berliner und geht zielstrebig auf ein keß aussehendes Mädchen im Minirock zu, das an einer Laterne lehnt.

»Na, Kleene, wie wär's denn mit uns?« erkundigt er sich.

Antwortet die Französin: »Ah, un Allemand.«

Der Berliner schüttelt den Kopf: »Nee, nicht mit alle Mann, nur mit mir.«

*

In der Münchner U-Bahn starrt ein Berliner Junge unverwandt auf den großen Kropf einer älteren Frau.

Sie zischt ihn an: »Wenn du nicht schnell wegschaust, freß ich dich.«

Darauf sagt der Berliner Steppke: »Langsam, Tante, schluck erst mal den anderen runter.«

Es sagte der Wirt zum Gast:

»Nach Ihrem Dialekt zu schließen, sind Sie Berliner.«

»Stimmt! Und nach Ihren Frikadellen zu schließen, sind Sie Bäcker!«

Wie die Heringe stehen die Skifahrer im Autobus, der mühsam den Berg hinauffährt.

Ein Österreicher raunzt immer wieder: »Net so drängeln! Ja, wo sammer denn?«

Da kommt von hinten eine kernige Stimme: »Wenn's Ihnen bei uns nich jefällt, denn bleiben Se doch jefälligst zu Hause, Sie oller Meckerfritze!«

Ein Tourist bestellt im Münchner Hofbräuhaus: »Also, denn bring Se mir een jroßet Bier, zwee weiße Würschte, ne Menge Mostrich und ne Schrippe, aber dalli!«
Ein Münchner fragt ihn: »Sie san a Berliner, gell?«
»Jawoll«, sagt der Fremde.
Der Münchner seufzt: »Armer Mensch!«

*

Auf der Ferienreise in den Süden will ein Berliner in einer Kleinstadt übernachten.
»Haben Sie noch ein Zimmer frei?« erkundigt er sich beim Portier.
»Mit Bad?« fragt der Portier.
Entrüstet sich der Berliner: »Seh ick aus wie ne Forelle?«

*

Am Bahnhof Zoo fragt ein Fremder einen Gepäckträger: »Wo läßt man sich am besten rasieren?«
Sagt der Gepäckträger: »Am besten im Jesicht.«

*

»Was stellen diese Statuen vor?« erkundigt sich ein Amerikaner.
»Na, Männeken«, meint der Berliner, »det sehen Se doch selber: entweder det rechte oder det linke Bein.«

*

Eine sehr farbenprächtig angezogene Dame fragt einen kleinen Berliner: »Kannst du mir den Weg zeigen? Ich möchte gern zum Zoo.«
»Ach nee«, staunt der Steppke. »Als wat denn?«

Fragt der Berliner: »Wat ham Se denn da für'n eijenartigen Köta?«

Sagt der Bayer: »Kreuzung zwischen Rindvieh und Berliner!«

Darauf der Berliner: »Na, sehn Se, Männeken, da sind wir ja beede verwandt mit dem Tierchen.«

*

Der Fremde mietet ein einfaches und billiges Zimmer. Am nächsten Morgen beschwert er sich bei der Wirtin: »Das ist doch unglaublich – in dem Zimmer sind ja Wanzen!«

»Rejen Se sich man bloß nich uff«, weist ihn die Wirtin zurecht. »Verlangen Se für Ihre paar Piepen vielleicht Kolibris?«

*

Ein Franzose erklärt einem Berliner: »Unsere Sprache ist sehr eigenartig. Wir schreiben zum Beispiel Bordeaux und sagen Bordo.«

»Das ist doch gar nichts. Wir schreiben Pferd und sagen Jaul.«

»Nun pimpere mir doch, dat ick det blöde Jefühl los werde«

oder

Die Berliner und ihr Liebesleben

Karlheinz ist schrecklich schüchtern und hat sich in Frieda verliebt, eine kesse Blondine. Endlich faßt er sich ein Herz und fragt: »Wollen Sie meine Frau werden?«
»Nee, wirklich nich«, gibt sie ehrlich zu. »Aber 'nen juten Jeschmack ham Se.«

*

Freddy ist ein großer Schürzenjäger und bringt seine Flamme erstmals heim. Vor der Haustür küßt er sie feurig.
Sie stammelt verlegen: »Freddy, um Jottes willen, wenn uns jemand sieht.«
»Det macht nischt«, beschwichtigt er sie. »In die Jejend war ick noch nie.«

*

Viele Menschen warten an einer Omnibushaltestelle. Endlich rattert ein überfüllter Bus heran.
Fragt eine Dame den Fahrer: »Sagen Sie mal, warum verkehren Sie nicht viertelstündlich?«
»Aber Madamken«, antwortet entrüstet der Fahrer, »ick bin doch keen Hahn!«

*

Die alleinstehende Portiersfrau in einem Mietshaus hat ein Baby bekommen.
Befragt, wer der Vater sei, sagt sie barsch: »Weeß ick nich. Meenen Se, ick drehe mir jedesmal um, wenn ick die Treppe wische?«

*

»Mensch, du hast dir verlobt. Na so wat! Und wie is'n det Frollein Braut? Süß, keß oda wie?«
»Weeß nich – mir jefällt se nich!«

Ein Paar sitzt eng umschlungen auf einer Bank am Wannsee. Sagt sie: »Weeste, du erinnerst mir so an 'nen To-
rero.«
»Wieso denn det, bin ick so feurig?«
»Nee, aba du stierst so!«

*

In einer Straße entsteht am späten Abend ein kleiner Auf-
lauf. Bald kommt ein Schutzmann, um Ruhe zu schaffen.
Es handelt sich um ein Pärchen, das sich streitet.
»Hat der Herr Sie belästigt?« fragt der Polizist.
»Er mia? Ausjeschlossen. Awa ick ihn!«

Es sagte der Kneipier zum Stammgast:

»Warum heiratste nich die Liese, Paule? Se kocht
dir, se wäscht dir, se beschläft dir, und wenn de be-
soffen bist, weeßte, wo de hinjehörst und wer dir
nach Hause bringt.«

Atze spaziert mit seinem Goldschatz durch den Grune-
wald. Plötzlich überkommt ihn ein menschliches Rühren.
Er verschwindet im Gebüsch und beginnt, sein Geschäft
zu verrichten.
Meldet sich eine empörte Männerstimme: »Laß das, du al-
tes Ferkel, du Mistkerl!«
»Du«, kontert Atze, »drück dir mal etwas gewählter aus.
Ick habe nämlich eine Dame bei mir!«
»Na und?« tönt es aus dem Gebüsch heraus. »Meenste,
ick liege hier uffm Klappbett?«

»Ernestine, wo warst du denn am Sonntag?«
»Mit meinem Freund im Grünen.«
»Habt ihr ooch jepicknickt?«
»Erstens fragt man dat nich, und zweetens kam doch jedesmal eener vorbei.«

*

»Wer war denn det, der dir da vorhin intim besucht hat, Isolde?«
»Ick weeß et nich, Mami, aba wenn der morjen wiederkommt, werd ick mal in seine Brieftasche nachsehen.«

*

Sie sitzen nebeneinander auf der Couch.
Sagt sie: »Ick hab det Jefühl, du willst mir pimpern.«
Er: »Nee, nischt läuft!«
Sie, nach einer Weile: »Ede, ick hab immer noch det Jefühl, du willst mir pimpern.«
Er: »Nee, janz bestimmt nich!«
Sie: »Nu pimpere mir doch, dat ick det blöde Jefühl los werde!«

*

Auf der Wöchnerinnenstation fragt die Schwester: »Wie heißen Sie?«
»Dünnbier, Brigitte.«
»Und wie heißt der Vater des Kindes?«
»Wat weeß ick? So intim sind wa nich jewesen.«

*

Gerda und Gustav betrachten den Sternenhimmel.
Sagt er zu ihr: »Soll ick dir mal den Jroßen Bär zeigen?«
Meint sie: »Jern, aba wat machen wir, wenn jemand kommt?«

Lieschen und Harald knutschen nachts im Park. Petting mit allem Drum und Dran.

Plötzlich fällt ihnen ein, daß sie den letzten Bus erreichen müssen, und sie machen sich eilends auf den Weg. Fast an der Haltestelle angekommen, sehen sie den Bus langsam anfahren.

»Tu doch was«, sagt Lieschen. »Pfeif, damit er noch einmal hält!«

»Nee«, sagt Harald. »Uff die Finger nich.«

Wollte die Schwester wissen:

»Sag mal, Marie, hast du vorhin im Hausflur so jeseufzt, weil Rudi dir jeküßt hat?«

»Nee, eijentlich waren det mehr Stoßseufza!«

Paule will seine neue Freundin in romantische Stimmung versetzen und hat eine heiße Scheibe aufgelegt. Plötzlich knackt es in den Boxen.

»Laß mir mal aus dem Bette raus, ick muß det Dolby anmachen«, flüstert er ihr ins Ohr.

»Det brauchste nich, Schätzeken, ick nehm doch die Pille.«

*

Zwei junge Frauen flanieren den Kurfürstendamm entlang. Zwei Männer folgen ihnen.

Sagt eine der jungen Damen: »Du, ich glaube, die verfolgen uns.«

Zischt die andere: »Na endlich, ich hab vor lauter Wackeln nämlich schon Muskelkater in den Hüften.«

Kurz vor der Party stellt die Dame des Hauses fest, daß sie für einen Gast keine Tischdame eingeladen hat. Da fällt ihr die rettende Idee ein, und sie ruft ihr Dienstmädchen.

»Minna, Sie müssen mir aus einer Patsche helfen«, bittet sie. »Ziehen Sie mein rosa Abendkleid an und kümmern Sie sich bei der Party um Herrn Achtelick.«

Als alle Gäste gegangen waren, erkundigt sich die Hausfrau: »Na, Minna, hat Sie Herr Achtelick auch wie eine Dame behandelt?«

»Klar, gnädje Frau«, sagt die Perle, »eenmal unter dem Hollerbusch, eenmal mang die Rosen und det letzte Mal beim Blues mitten uff de Tanzfläche, un keen Aas hat wat jemerkt.«

Sagte die Berlinerin:

»Ick liebe dir. Du mir ooch?«
Nach kurzem Nachdenken bestätigt der Berliner:
»Klar, dir ooch!«

Ein nicht mehr ganz junges Ehepaar konsultiert einen Gynäkologen.

»Herr Dokta«, bittet der Mann, »untersuchen Se mal meine Olle, warum die keen Kind nich kriegt. Det will und will nich klappen.«

Nach der Untersuchung erklärt der Arzt dem Mann: »Soweit ist alles in Ordnung. Nur ein kleiner Knick. Die Gebärmutter ist leicht nach links verlagert.«

»Na, denn is mir allet klar«, sagt der Mann verständnisvoll. »Det funkt nich, weil ick nich um die Ecke schießen kann.«

Friedhelm und Elvira sind schon seit einiger Zeit verheiratet, und sie möchte ihn gern etwas auf Trab bringen und ihm ein Aufklärungsbuch schenken.
Rät ihr der Buchhändler: »Nehmen Sie doch ›Das Liebesleben in der Natur‹.«
Entrüstet lehnt Elvira ab: »Nee, 'ne Wohnung ham wa schon.«

*

Er ist mit ihr zum erstenmal in seinem Kabriolett unterwegs. Um ihr zu zeigen, was für ein toller Hecht er ist, rast er so durch den Grunewald, daß der Wagen aus der Kurve fliegt, eine Böschung hinabrollt und umkippt.
Unversehrt und eng aneinandergedrückt finden die beiden sich auf dem weichen Rasen unter einem Fliederbusch wieder. Er will sie beruhigen und legt den Arm um sie. Er tätschelt sie und sagt: »Is ja nischt passiert!«
Sie schaut ihn empört an und sagt: »Wenn Se weiter nischt wollten als mir tätscheln, hätte Jas wechnehmen jenügt.«

*

Kasimir hat sich in eine süße Berlinerin verliebt. In einer schwachen Stunde flüstert sie: »Küsse mir, Kasimir!«
Verbessert Kasimir: »Das heißt mich.«
Flüstert die Süße: »Gut, dann küsse mir, Kasemich!«

*

Im Dämmerlicht gleitet auf dem Wannsee ein Segelboot an einem Ruderboot vorbei. Zwei Gestalten bewegen sich in einem bekannten Rhythmus.
Ruft ein Mann zum Segelboot hinüber: »Was machen Sie denn da?«
Antwortet eine Mädchenstimme: »Wat scheenet!«

Die junge Patientin wird nach der Untersuchung vom Arzt gefragt: »Hatten Sie mal Polypen?«
Keß erwidert sie: »Na klar, zwee vom Revier um unsere Ecke und eenen von der Funkstreife.«

Beschwerte sich Frieda bei ihrem Ede:

»Imma, wenn ma uns treffen, biste unrasiert wie'n Igel.«
Ede zuckt mit der Schulter: »Mußte halt pünktlich sein.«

Mitlow hat sich scheiden lassen. Drei Jahre später begegnet er seiner ehemaligen Frau zufällig in Venedig. Sie trinken eine Flasche Wein zusammen, und Mitlow sagt: »Weißt du noch, Isolde, wie wir auf der Hochzeitsreise hier waren?«
»Ja«, seufzt sie.
Fragt er: »Vielleicht sollten wir noch einmal so richtig eine Hochzeitsnacht feiern.«
»Aber nur über meine Leiche!«
»Ach Gottchen«, bedauert Mitlow, »du hast also immer noch nichts dazugelernt!«

*

Bolle tanzt eng umschlungen mit einem ihm bis dahin unbekannten Mädchen.
»Warum drücken Sie denn so mit Ihrem Knie gegen meinen Bauch?« fragt sie vorwurfsvoll.
Antwortet Bolle: »Wat heeßt hier Knie? Det isser!«

Atze schickt seiner angebeteten Luise einen Rosenstrauß. Auf einer beiliegenden Karte gestand er seine heimliche Liebe: *Was kann ich dafür?*

Als Atze keine Antwort erhielt, schickte er einen Brillantring und legte wieder eine Karte dazu: *Was kann ich dafür?*

Diesmal reagierte Luise und schrieb ihm: *Lieber Atze, dafür kannste!*

*

Der kesse Gustav schlendert an einem lauen Sommerabend durch den Grunewald. Er begegnet einer bildhübschen jungen Dame und fragt: »Verzeihung, Gnädigste, darf ich Ihnen vielleicht eine Zigarette anbieten?«

»Nein, danke«, sagt die Hübsche schnippisch. »Ich rauche nicht.«

Da zieht Gustav eine Taschenflasche Cognac aus dem Jackett und fragt: »Wie wär's mit einem guten Schlückchen?«

»Nein, lassen Sie das. Ich trinke keinen Alkohol!«

Jetzt wird Gustav ungeduldig und sagt: »Frollein, ich möchte Sie so gern vernaschen. Sollen wir vielleicht eben mal ins Gebüsch verschwinden und so?«

»Aber ja, gern«, flötet die Kleine, und die beiden schlagen sich seitwärts in die Büsche.

Als sie später ermattet wieder herauskommen, sagt sie: »Siehst du, Schatz, es geht auch ohne die blöde Raucherei und das Saufen.«

*

Emma beneidet ein Liebespaar auf der Nachbarbank: »Jetzt hat er ihr schon fünfmal jeküßt, und nu schon wieda! Warum tust du denn sowas nich?«

Fritze schaut sie nachdenklich an: »Meinste, sie läßt mir?«

»Ede«, jammert Auguste im Schlafzimmer, »haste jehört?
Unter dem Bett hat 'ne Maus jequietscht!«
»Na und?« keucht Ede. »Soll ick ihr ölen oder dir?«

*

»Mutter, ick bekomme wat Kleenet.«
»Himmel, wer is der Vata?«
»Fünfmal darfste raten!«

**»Kommen Se doch mal spaßeshalber
rüber – ick jloobe,
mein Mann is doot«**

oder

Die Berliner und ihre Nachbarn

»Sie sollten sich schämen, Herr Müller!« ruft die Nachbarin. »Jetzt sind Sie gerade mal ein halbes Jahr verheiratet, und schon prügeln Sie Ihre Frau!«
Müller schüttelt verständnislos den Kopf: »Na wat denn? Wie lange soll ich denn Ihrer Meinung nach noch damit warten?«

*

Mitfühlend sitzt Frau Kirgel am Krankenbett ihrer Nachbarin und sagt leise: »Mein Gott, Frau Mallermann, ich habe schon immer damit gerechnet, daß Ihr Mann Sie eines Tages fallenlassen wird – aber doch nicht gleich aus der zweiten Etage!«

*

Sagt die Nachbarin: »Stellen Se sich vor, meinem Ollen haben se im Spital den Alkohol entzogen.«
»Wat Se nich sajen. Wieviel Liter haben se denn aus ihm herausgeholt?«

*

Aufgeregt erzählt Frieda ihrer Nachbarin: »Stellen Se sich vor, jestern habe ick erfahren, daß mein Großvater meine Großmutter entführt hat!«
Die Nachbarin schüttelt den Kopf: »Sollte man doch nich für möglich halten, det sonne ollen Leute sonne dummen Zicken im Kopp ham.«

*

»Du, Emil, heut nacht hab ick von deiner Frau jeträumt«, sagt der Nachbar.
»Wat hat se denn jesacht?«
»Nischt!«
»Dann war det jar nich meine Frau.«

Nachts um vier kommt Adamitz vom Stammtisch mit seinem Nachbarn zusammen nach Hause. Vor der Wohnungstür bleibt er stehen und sagt: »Jetzt möcht ick ne Maus sein!«

»Warum?« fragt der.

»Weil eine Maus das einzige ist, vor dem meine Frau Angst hat.«

*

Fünfzehn Jahre ist die Berlinerin erst alt, aber sie tritt schon wie eine Sexbombe auf.

Berichtet ihre Mutter empört einer Nachbarin: »Da steh ich doch gestern mit ihr vor einem Schaufenster, da kommt so ein oller Kerl vorbei und kloppt ihr mit der flachen Hand aufs Hinterteil.«

»Tja«, meint die Nachbarin bedenklich, »wenn Se ihr erlauben, daß se sich wie 'ne Dame anzieht, dann müssen Se sich auch nich wundern, wenn ihr die Männer wie eine Dame behandeln.«

*

Die Nachbarn sind zu Besuch und können sich trotz zarter Hinweise nicht entschließen, heimzugehen. Als sie dann endlich doch aufbrechen, ist es schon hell, und sie entschuldigen sich: »Hoffentlich sind wir nicht zu lange geblieben?«

»Macht nischt«, beruhigt sie der Gastgeber, »um die Zeit stehen wir sowieso uff.«

*

Mutter: »Die Nachbarin ist sehr krank. Geh mal rüber zu ihr und sag ihr was Nettes.«

Der Kleine besucht die Nachbarsfrau und fragt: »Soll ick bei Ihrer Beerdigung auf der Flöte spielen?«

Hempel drischt weit nach Mitternacht in seinem Stamm-
lokal Skat, da kommt sein Nachbar atemlos in das Wirts-
haus gestürzt und ruft: »Schnell, ich habe gerade beobach-
tet, wie ein Einbrecher in Ihre Wohnung eingestiegen
ist!«
Hempel schaut nur kurz von seinen Karten auf: »Na, der
wird sich wundern! Meine Frau glaubt sicher, ich wäre es,
der sich da so hereinschleicht.«

Es fragte der Nachbar:

»Na, Fritzchen, wie gefällt dir denn dein neues
Schwesterchen?«
»Also wissen Se – keen anständjet Fernsehjerät in
der Wohnung, aba für so'n Quatsch ham se Jeld!«

Zwei Nachbarinnen unterhalten sich.
»Meene Tochta hat jetzt eenen scheenen Freund«,
schwärmt die eine. »Neulich hat er se zum Essen einjela-
den, dann sind se in der Disco jewesen, und zum Schluß
hat er se sojar in seene Wohnung mitjenommen.«
»Was«, staunt die Nachbarin, »und det lassen Se eenfach
so zu? Haben Se denn keen Veto einjelegt?«
»Nee, nee«, wehrt die Nachbarin ab, »von dem neumodi-
schen Zeug halten mir nischt. Soll er halt uffpassen.«

*

Im Wartezimmer eines Berliner Arztes treffen sich zwei
Nachbarinnen.
Meint die eine zur anderen: »Ich habe Sie letzte Woche
hier vermißt. Waren Sie etwa krank?«

»Ihre Zwillinge sehen sich aber sehr ähnlich«, sagt der Nachbar. »Die kann man ja jar nicht auseinanderhalten.«
»Ach doch, jeht schon. Der eene hat die Mandeln raus.«

*

Frau Krause erzählt ihrer Nachbarin: »Wir ham de janze Wohnung voller Miros.«
»Ach du lieber Jott«, schlägt die die Hände über dem Kopf zusammen. »Wie is'n det passiert? Könnt a nich mal 'nen Kammerjäger kommen lassen?«

Erkundigte sich der Nachbar:

»Stimmt es, det Ihre Frau jefährlich krank is?«
»Nee, jefährlich is se nur, wenn se jesund is.«

Die Krauses sind zu Besuch bei den reichen Nachbarn und bewundern ein Bild von Rembrandt: »Ein herrliches Gemälde von einem großen Genie.«
»Stimmt«, bestätigt die Nachbarin. »Und dabei keen bisken einjebildet. Wir ham ihn nämlich uff Elba kennenjelernt.«

*

Kniffke ist bei den Nachbarn eingeladen. Es geht sparsam zu, und Kniffke ist nicht satt geworden.
»Hoffentlich kommen Sie bald mal wieder zu mir zum Essen«, sagt die Nachbarin, als er sich verabschiedet.
»Gern«, sagt Kniffke, »am liebsten jetzt jleich, wenn es Ihnen anjenehm is.«

Stolz führt Willke seinen Freund durch die Neubauwohnung. Der Freund fragt ihn: »Stimmt et wirklich, daß die Wände in diesen Häusern so dünne sin?«
»Dünn is ja jar keen Ausdruck! Wenn ick Herzkloppen hab, muß mein Nachbar Baldrian nehmen.«

*

»Mehr kann man für seine Tochter nicht tun«, sagt die Nachbarin. »In diesem Monat hat unsere Emma schon det zweite Kleid bekommen, erst 'n Konfirmations- und dann auch noch 'n Umstandskleid.«

Es sagte Frau Nüssel zu ihrer Nachbarin:

»Ach, wissen Sie, mein Sohn ist genauso wie sein Vater.«
»Denken Sie sich nichts – Hauptsache, er ist gesund!«

Im Treppenhaus fragt ein Nachbar den anderen: »Können Se mir mal sajen, wie spät es is?«
»Kann ick nich«, bedauert der, »meen Pfandschein tickt nich.«

*

Höchstpersönlich lädt Frau Hempel, die gerade eine neue Wohnung bezogen hat, ihren Nachbarn, einen katholischen Pfarrer, zu einem Abendessen ein und fügt hinzu: »Ihre liebe Frau erwarten wir natürlich auch.«
Sagt der Geistliche: »Aber Frau Hempel, wir haben doch Zölibat.«
»Das macht doch nichts, dann bringen Sie den Kleinen einfach auch mit!«

Frau Klingenbeil klingelt bei der Nachbarin und sagt: »Kommen Se doch mal spaßeshalber rüber, ick jloobe, mein Mann is doot.«

*

Frau Lippold hat Drillinge bekommen, und im ganzen Haus herrscht große Aufregung.
Die Nachbarin trifft im Treppenhaus den fünfjährigen Bruder der drei und fragt: »Na, wie sollen die drei denn heißen?«
»Wenn ick meen Vata richtig verstanden habe, dann heißen die so ähnlich wie Himmel, Arsch und Wolkenbruch.«

*

Ächzend läßt sich eine alte Berlinerin im Park auf eine Bank fallen und sagt zur Nachbarin: »Ick setz mir en bisken, damit mein Oller ooch mal wat auf der Bank hat.«

*

Frau Bennewitz besucht nach langer Zeit wieder einmal die arme und kinderreiche Nachbarsfamilie. Überall krabbeln die Kleinen herum, und als auch noch eine Ente unter einem Bett hervorwackelt, sagt sie voller Mitleid: »Ooch noch ne Ente in det kleine Zimmer.«
»Nee, nee, Tante«, sagt der drittjüngste Sproß, »det is der Klapperstorch – der hat sich bei uns de Beene abjeloofen.«

*

»Det janze Haus quatscht schon drüber, Herr Nachbar, also stimmt et wirklich, dat Se klammheimlich die Witwe mit die fünf Kinder jeheiratet haben?«
»Ja, ick war et müde, imma allein zu sein«, sagt der andere etwas verlegen.
»Kann ick verstehen«, meint der Nachbar. »Aba jleich so müde?«

**»Nur an Vatern traut se sich
noch nich wieda ran«**

oder

Berliner – ganz privat

Paule berichtet seinem Vater: »Heute hat eener in der jro-
ßen Pause zu mir jesagt, dat ick dir ähnlich sehe.«
»Und was haste jesagt?«
»Nischt. Ick hab ihm eene in die Schnauze jeschlagen!«

*

Die Mutter will einkaufen gehen.
»Mutti, nimm mir mit«, bettelt Klein-Dieter.
»Wie heißt das denn?« rügt die Mutter.
»Liebe Mutti, nimm mir doch bitte mit!«
»Das ist immer noch nicht richtig.«
Klein-Dieter überlegt einen Augenblick, strahlt und sagt:
»Mutti, wenn ich nun mich sage, nimmst mir dann mit?«

*

Fragt die Gemüsefrau den kleinen Peter: »Na, wie jeht's
denn Muttern?«
»Danke, der jeht's schon wieder besser. Jestern hat se mir
schon wieda janz schön vertrimmt, nur an Vatern traut se
sich noch nich wieda ran!«

*

Mutter: »Fritzchen, jeh und mach det Fenster zu. Et
zieht!«
»Nee!«
»Fritz, du tust, wat ick dir saje. Sonst lang ick dir eene.«
»Nee!«
»Fritze, det jehört sich nich. Deine Mutter holt sich noch
einen Schnuppen, und du sitzt da und sagst nur nee!
Wenn du zu mir sagen würdest: ›Mama, ick friere, weil et
so zieht‹, denn würde ick auf der Stelle hinjehen und det
Fenster zumachen.«
»Mama, ick friere, weil et so zieht!«

Im Hof spielen zwei kleine Buben, als im fünften Stock ein Fenster geöffnet wird und eine vollbusige Dame nach unten schreit: »Maxe, komm mal nach oben!«

Als Maxe nicht reagiert, stößt ihn sein Spielkamerad an und sagt: »Maxe, deine Olle hat dich jerufen!«

Weist ihn Maxe zurecht: »Was heeßt hier Olle? Für dir is det immer noch Fräulein Lehmann!«

*

Ein Junge kommt zu spät zur Schule und sagt als Entschuldigung: »Mein Vata hatte mir nötig.«

»Konnte er denn keinen anderen dazu brauchen?«

»Nee, er hat mir verhauen.«

Es rief der kleine Junge:

»Mutta, Mutta, kiek doch mal aus det Fenster! Der Willi will nich glooben, det de schielst.«

»Vata, mir is iebel.«

»Dann stell dir nich so dichte bei mir hin – jeh bei Muttern!«

*

Frau Weppelmann hat ihrem Gatten mal wieder eine gewaltige Gardinenpredigt gehalten, schließlich hat sie das Zimmer verlassen.

Dem geknickten Weppelmann nähert sich der kleine Fritz und sagt: »Wenn wir zwei die Mutta nich kennenjelernt hätten – wat könnten wir for ein feines Leben führen.«

»Justav, wenn du janz artig bist, gehen wir morjen mit dir in den Zirkus«, sagt der Vater.

»Knorke!«

»Du ziehst deinen Sonntagsanzug an. Und vergiß nicht, dir den Hals zu waschen!«

»Vata, haste denn schon Karten?«

»Die bekommen wir morgen an der Zirkuskasse.«

»Wenn de nu aba keene Billets kriegst?«

»Was dann?«

»Dann steh ich da mit 'nem jewaschenen Hals!«

*

»Vata, wat is een Wiedehopf?«

»Wiede – wat? Ach so, det is een meschuggene Fisch.«

»Aba hier steht doch, daß er von Ast zu Ast hüpft.«

»Da siehste, wie meschugge der Fisch is.«

Erkundigte sich die Nachbarin:

»Wat machste denn am Sonntag, Fritze?«

»Ick geh mit Mutta ins Museum Großvata bekieken. Der is dort Skelett.«

Im Sandkasten spielen viele kleine Kinder. Einige halbwüchsige Gören passen auf die Kleinen auf.

»Fritz«, ruft plötzlich eines der Mädchen, »wat haste denn schon wieder jemacht? Nun sind die schönen Hosen janz naß von deinem Pipi!«

Der kleine Mann macht große, erstaunte Augen, wackelt mit dem Kopf und erwidert: »Et is doch heute so heiß, da kann ick doch jeschwitzt ham!«

In einer Berliner Gemäldegalerie erklärt ein Vater seinem Sohn das Bild ›Flucht nach Ägypten‹: »Sieh mal, Maria und Josef waren sehr arm, sie hatten keine Unterkunft mehr und mußten mit dem Jesuskindchen nach Ägypten fliehen, außerdem waren sie sehr hungrig...«
Unterbricht ihn der Steppke: »Du, det is aba komisch. Keen Dach üba'n Kopp, nischt zu essen, Vata arbeitslos und auf der Flucht – und denn von Rembrandt malen lassen!«

Es ermahnte die Tante ihren Neffen:

»Fritze, man bohrt doch nich mit dem Finger in der Neese!«
»Ja, womit denn sonst?«

»Vati, wie schreibt man Vibraphon?«
»Überhaupt nich – det Ding spielt man!«

*

Nach der Untersuchung der Mutter sagt der Arzt zur kleinen Frieda: »Bald wirst du ein Brüderchen bekommen.«
»Det hat keen Zweck. Bei uns hält sich so wat nich. Unsa Joldhamsta is ooch einjejangen.«

*

»Darf ick mal wat fragen, Tante Susi?«
»Aber gewiß, mein Junge. Was willst du denn wissen?«
»Biste ooch nich böse hinterher?«
»Ganz bestimmt nicht, mein Junge.«
»Dann sag mal, Tante, jehörste wirklich zum schönen Geschlecht?«

»Nimm dir mal ein Beispiel an dem Jungen von den Schmitts. Der hat in diesem Jahr noch kein einzigesmal Prügel bekommen.«
»So'ne Eltern möcht ick auch haben!«

*

Frühmorgens halten sich im Berliner Zoo kaum Besucher auf.
Fragt der kleine Jochen: »Vata, warum macht der Geier so een dämliches Jesicht?«
»Weil keen Aas da is.«

*

Nach einem Museumsbesuch erkundigt sich Klein-Fritze:
»Vata, wat is eigentlich 'ne Mumie?«
»Ne Mumie, dat de det weeßt, dat is 'n einjemachter König.«

*

»Papa, haben Rosinen Beene?«
»Nee!«
»Dann haste jerade nen Mistkäfer verschluckt!«

*

»Mama, wo kommen eijentlich die Babys her?« fragt der kleine Max seine Mutter.
»Dich hat der Storch gebracht.«
»Wat du nich sagst, Mutti. Hab ick doch jleich jedacht, daß Vatern impotent is.«

*

»Aber Junge, du kannst doch ein kleines Mädchen nicht so verprügeln!«
»Det is keen Mädchen, det is meine kleine Schwester!«

»Warum hast du gestern gefehlt, Karl?«
»Wir haben Familienzuwachs bekommen, Herr Lehrer.«
»Ist es ein Brüderchen oder ein Schwesterchen?«
»Nee, nischt Kleenes. Meine Mutta hat bloß endlich jeheiratet.«

*

Peter kickt mit dem Ball einem Passanten den Hut vom Kopf. Dieser erwischt ihn und schreit: »Wer ist dein Vater?«
»Wees ick nich, aba Mutta hat 'nen jewissen Vadacht!«

Es sagte der kleine Fritze zu seinem Vater:

»Wenn du dir det verfluchte Hauen abjewöhnen würdest, könnten wir uns doch so ausjezeichnet vertrajen!«

»Vata, unser Religionslehrer hat gesagt, det wir dazu da sind, um den anderen Jutes zu tun.«
»Das stimmt auch, mein Junge.«
»So? Und wozu sind dann die anderen da?«

*

Der kleine Max wird von dem Lehrer mit einem Zettel nach Hause geschickt, auf dem vermerkt steht, daß er besser gewaschen in die Schule kommen solle, weil er so schlecht rieche.
Max kommt am nächsten Tag mit einem Zettel von seinem Vater in die Schule, auf dem steht: *Mein Max is keene Rose nich! Se sollen ihn wat lernen und nich riechen!*

Dieter kommt vom ersten Schultag nach Hause, und seine Mutter fragt ihn: »Na, hast du schon was gelernt?« »Na, viel war et nich, jloobe ick. Und stell dir vor – morjen muß ick schon wieda hin.«

*

Eine Familie ist in eine neue Wohnung umgezogen. Im Badezimmer entdecken die beiden Kinder ein Bidet. »Mensch, wat is denn det?« fragt das Mädchen. Meint der Bruder: »Det weeßte nich? Det is doch for die Popopflege.«

*

Fragt der Lehrer: »Kann mir jemand sagen, was Elemente sind?« Meldet sich Klein-Fritze: »Ick, Herr Lehrer. Elemente sind det Jeld, wat meene Mutta jeden Monat for mir kriegen soll. Aba, det sind janz unzuverlässige Brüder, denn de kommen meist nich, sacht meene Mutta.«

Es fragte der Nachbarsjunge:

»Du, wat hat denn dein Vata for een blutigen Kratzer uff de Backe?« »Det? Det is een Muttamal!«

Neugierig erkundigt sich Klein-Ida bei ihrem Onkel: »Warum hast du denn so 'ne rote Nase?« »Das kommt von den vielen und harten Schicksalsschlägen!« »Und imma uff de Nase?« wundert sie sich.

Der Vater verprügelt seinen Sohn. Danach fragt er ihn: »Nu sach mir ma, weeßte denn jetzt, warum ick dir jeschlajen hab?«
»Na, so wat!« heult der Junge los. »Erst hauste mir, un dann weeßte nich mal, warum!«

*

Der Sechsjährige, der ein Schwesterchen bekommen hat, steht vor der Tür und möchte hinein zu seiner Mutter. »Das geht jetzt nicht«, sagt der Vater. »Weißt du, der Storch hat die Mutti ins Bein gebissen.«
»Auweia«, staunt der Kleine. »Die arme Mutti! Erst die schwere Entbindung und nu det ooch noch.«

*

Frau Bolle steht an der Kellertreppe und ruft ihren fünfzehnjährigen Sohn: »Wilhelm, Wilhelm!«
Antwortet der Sohn aus dem Keller: »Wat is denn schon wieda, Mutta? Stör mich jetzt nich. Ick hab jerade een Mädchen zwischen!«
»Is gut, Junge! Ick dachte nur, du rauchst schon wieder.«

*

»Was du da wieder angestellt hast! Wenn das dein Vater wüßte, du Lausebengel, würde er graue Haare bekommen!«
»Da würde er sich aba freuen. Vata hat nämlich ne Jlatze!«

*

Fritzchen kommt nach Hause und fragt seine Mutter: »Was machst du lieber: waschen oder flicken?«
Mutter: »Flicken.«
Fritzchen: »Dann ist ja alles in Ordnung. Ich habe mir nämlich in die Hose gemacht und es dann herausgeschnitten.«

Die wasserscheue kleine Renate jammert: »Nee, ick will mir det Jesicht nich waschen!«
Gütig ermahnt die Großmutter: »Schäm dich! Als ich so alt war wie du, habe ich mir täglich zweimal das Gesicht gewaschen.«
Trotzig antwortet Renatchen: »Na und – wie siehste denn jetzt aus?«

Es überlegte sich der kleine Berliner Philosoph:

»Is det nich komisch, det ma imma nur von de Muttasprache redet?«
»Wat soll denn da komisch sein?« fragte seine kleine Schwester. »Wat hat denn Vata schon zu sajen?«

»Ach, Bubi«, sagt die Tante, »du bist doch mein Sonnenschein!«
»Nee«, widerspricht Peterchen, »ick scheine for de janze Familie!«

»Aba wie ick Ihnen kenne,
Herr Lehrer, kann et sich wieda
mal nur um det liebe Jesuskindlein
handeln«

oder

Berlins Steppkes sind die größten

Zwei Berliner Steppkes unterhalten sich.
»Wie alt bist'n?«
»Fünf.«
»Roochste?«
»Nee.«
»Säufste?«
»Nee.«
»Haste Weiber?«
»Nee.«
»Dann biste höchstens viere!«

*

Als Klein-Fritze in die Schule kommt, verliebt er sich sofort in seine Lehrerin. Wochen später faßt er sich endlich
ein Herz und gesteht ihr stotternd, daß er sie liebe.
Die Lehrerin verbeißt sich ein Lachen und fragt ihn: »Aber
Fritzchen, was soll ich denn mit einem Kind?«
Klein-Fritze schaut sie nachdenklich an und sagt: »Aba
keene Angst, Frollein, wir werden uffpassen.«

*

»Maulwürfe sind überaus nützliche Tiere«, sagt der Lehrer. »Jeder Maulwurf frißt täglich so viele Insekten, wie er
wiegt.«
Fritzchen: »Und woher weeß 'n Maulwurf, wieviel er
wiegt?«

*

Als der dicke Mann sich auf die Waage stellt, sehen zwei
Jungen interessiert zu. Die Waage funktioniert nicht rich-
tig, und der Zeiger schlägt nur ganz wenig aus.
Lacht einer der Jungen lauthals und sagt zum anderen:
»Du, Maxe, der Dicke is hohl.«

Peterchen raucht, und als ihn eine vorbeikommende Dame entdeckt, ist sie empört und fragt: »Wie alt bist du denn?«

»Sieben.«

»Und seit wann rauchst du schon?«

»Warten Se eenen Aujenblick, ick muß nachrechnen. Doch, jetzt weeß ick es. Det war nach meenem ersten Mädchen.«

*

Die Lehrerin fragt, was ihre Schülerinnen später einmal werden wollen.

Antwortet die kleine Inge: »Wenn ick später 'nen Busen bekomme, werd ick Mannequin oder eine Mutti – sonst Lehrerin.«

Es sagte der Passant zu einem kleinen Jungen:

»Was, du rauchst schon? Na warte, das sag ich deinem Lehrer!«

»Wat willste denn, du oller Dussel? Ick jeh ja noch jar nicht in de Schule!«

Karlchen ist hingefallen und hat sich dabei das Knie aufgeschlagen. Nun sitzt er da und schimpft vor sich hin.

»Aber mein Junge«, sagt ein Mann, der ihm wieder auf die Beine hilft, »wie kann ein so kleiner Kerl denn so fürchterlich schimpfen?«

»Mann, Se ham jut reden! Meene Mutta sagt imma, ick bin schon zu jroß zum Heulen. Und jetzt kommen Sie daher und sajen, ick bin noch zu kleen zum Schimpfen. Wat soll ick denn nu aba machen, wenn et janz doll weh tut?«

Schon der kleine Berliner ist ein Kritikaster. Als nach einer Demonstration der Redner seine mit viel Pathos vorgetragene Rede beendet hat, fragt der kleine Emil seinen Freund: »Du, hat er ooch wat jesagt, wat stimmt?«

*

Zwei Steppkes wetten um zwei Mark, wer von ihnen besser lügen könne.
Klaus beginnt: »Vor drei Tagen stieg ich auf den Funkturm, breitete meine Arme aus und flog über die Stadt.«
Da steckt Fritz die zwei Mark ein.
»Warum nimmst du denn det Jeld?« fragt Klaus.
Fritz: »Ick hab dir doch fliegen sehen.«

*

Lehrer: »Max, wenn ein Zentner Kohle elf Mark kostet und der Kohlenhändler fünfundfünfzig Mark bekommt, wieviel Zentner liefert er dann?«
»Unjefähr knapp viereinhalb.«
»Aber das ist doch nicht richtig.«
»Nee, richtig is det nich, aber machen tut er's!«

*

Der Lehrer fragt: »Was ist das Schönste im Leben?«
Es gibt Antworten, vom Fußball bis zum Fernsehen, vom Eisessen bis zur elektrischen Eisenbahn.
Willi meint: »Für mich is det Schönste, mit eener Frau im Bette zu liejen.«
Der Lehrer ist entgeistert und bestellt Willis Vater in die Schule.
Ohne Vater erscheint Willi am nächsten Tag und erklärt: »Meen Vata läßt Ihnen sajen, det er der jleichen Meinung is wie ick. Und wenn Sie, Herr Lehrer, anderer Meinung sin, dann soll ick mir vor Ihnen bloß mal in acht nehmen.«

Treffen sich zwei Jungen. Einer schiebt den Kinderwagen mit seinem kleinen Brüderchen.

»Na, kann er schon loofen?«

»Nee, du, loofen kann er noch nicht, aber Beene hat er schon.«

*

Bollmann ärgert sich über ein rauchendes Knäblein auf der Straße und sagt es ihm. Darauf wird das Bürschlein frech. »Sei nicht so frech zu Erwachsenen, Bengel! Ich könnte dein Vater sein«, sagt Bollmann wütend.

Meint der Bengel: »Da unterschätzen Se aba den juten Jeschmack meener Mutta.«

*

Herr Schmittke steht vor einer Litfaßsäule. Neben ihm steht der kleine Atze und lacht.

»Nun, Kleiner, was freut dich denn so?«

»Det sag ick nich!«

»Und wenn ich dir eine Mark schenke – sagst du es mir dann?«

»Ja, aber zuerst müssen Se mit dem rechten Fuß zurücktreten.«

Schmittke zahlt seine Mark, tritt mit dem rechten Fuß etwas zurück. Er schaut Atze an und fragt: »Bist du jetzt zufrieden?«

»Ja«, bestätigt Atze, »denn jetzt stehen Se mit alle zwee Beene im Dreck!«

*

Der Religionslehrer fragt den kleinen Hans: »Was geschieht, wenn du eins der zehn Gebote brichst?«

Nach längerem Nachdenken antwortet Hans zögernd: »Dann sind es nur noch neune, Herr Lehrer.«

Auf dem Kurfürstendamm flaniert eine aufgedonnerte Frau in einem billigen Pelzmantel, unter dem Leggins hervorschauen.

Zwei Steppkes schauen ihr nach, und der eine sagt zum anderen: »Janz apart, wa? Een Karnickel mit langen Unterhosen.«

*

Auf einem Kinderspielplatz prahlen zwei Knirpse mit ihren Fähigkeiten.

Wirft sich der eine in die Brust: »Meene Mutta hat jesacht, ick war schon immer een außerjewöhnlich klujet Kind. Ick konnte schon mit zehn Monaten loofen.«

»Dct nennste klug?« sagt der andere. »Ick hab ma mit zwee Jahre noch trajen lassen.«

*

Kalle meldet sich bei der Arbeitsvermittlung und fragt: »Ham Se ne passende Arbeit for mir?«

»Aber Junge, so wie du aussiehst, gehst du doch noch zur Schule!«

»Det schon«, sagt Kalle, »aba ick würde mir jern vaändern.«

*

Auf dem Kinderspielplatz zieht ein kleiner Junge ständig seine triefende Nase hoch.

Eine Frau, die daneben auf einer Parkbank sitzt, kann es schließlich nicht mehr hören und sagt: »Na, Kleiner, ein Taschentuch hast du wohl nicht?«

Der kleine Berliner sieht sie mit großen Augen an, schnieft noch einmal kräftig, lächelt pfiffig und sagt dann ganz stolz: »Jawoll, ick hab eens, aba vapumpen tu ick det nich!«

Die Lehrerin will heiraten und verabschiedet sich von der Klasse.

»Und wenn mir der Klapperstorch einmal ein Baby bringt«, sagt sie abschließend, »dann könnt ihr mich besuchen kommen und mit ihm spielen.«

Der kleine Gustav grinst und sagt: »Ick hör imma Klapperstorch – na, Frollein, Sie werden sich wundern!«

*

Zwei Jungs versuchen, sich gegenseitig zu übertrumpfen.

»Mein Bruder«, sagt der eine, »ist vielleicht stark. Der nimmt zwei Billardkugeln, reibt sie aneinander, und det Erjebnis is Elfenbeinstaub, nischt als Elfenbeinstaub.«

»Nu mach aba mal halblang«, sagt der andere, »dann kann er sich aba mit meen Bruder janz und jar nich messen. Der nimmt zwee Ochsen, reibt sie aneinander, und det Erjebnis: fix und fertige Bouillonwürfel.«

Es fragte der Lehrer:

»Rolf, ich grüße dir! Ist das richtig?«
»Nee, Herr Lehrer, Sie mir nich, ick muß Ihnen jrüßen!«

Fritz, der immer der Prellbock der ganzen Klasse ist, hat gerade vom Lehrer wieder eine Abreibung bekommen. Kurz darauf fragt der Lehrer auch noch streng: »Fritz, wer hat die Welt erschaffen?«

Mit weinerlicher Stimme sagt Fritz: »Soll ick det etwa ooch jewesen sein?«

Der Arzt mißt bei Fritz im Po Temperatur und stellt fest: »Fast neununddreißig Grad.«

»Wat so ville?« staunt Fritz. »Und det sojar im Schatten.«

*

Die Lehrerin gibt den Erstkläßlern Schreibunterricht. Dabei beugt sie sich über den kleinen Fritz, um dessen Geschreibsel zu betrachten.

Der schaut unwillig hoch und sagt: »Frollein, nu wer'n Se man nich zu aufdringlich!«

Es fragte ein Steppke den anderen:

»Weest du, wat'n Joldfisch is?«
»Na klar, Mann! Det is ne reich jewordene Ölsardine!«

»Aber Junge«, sagt die ältere Dame, »wie kannst du nur so unreife Pflaumen essen. Du wirst ja krank. Wirf sie weg!«

»Wat, wegwerfen? Bloß, daß Sie se aufheben und selba futtern? Kommt ja jar nich in die Tüte!«

*

An einer Kreuzung regelt ein Polizist den Verkehr. Ein kleiner Junge schaut fasziniert zu.

Fragt der Polizist freundlich: »Na, Kleener, willste ooch mal Schupo werden?«

»Nee, ick nich, Meesta, aba meen Bruder, der faule Hund.«

Auf der Straße üben Mädchen Seilspringen.

Bettelt die kleine Gerda: »Laß mir ooch mal!«

Ihre Lehrerin, die gerade vorbeigeht, sagt: »Aber Gerda! Laß *mich* mal!«

Gerda: »Also jut! Laß ihr mal.«

*

Der Religionslehrer, der immer wieder »das liebe Jesuskindlein« anführt, hat den Naturkundelehrer zu vertreten. Er will die Zeit mit Fragen nach der heimischen Tierwelt überbrücken.

»Was ist das«, fragt er, »es knackt Nüsse, hat einen rötlichen Pelz und hüpft von Ast zu Ast?«

»Ick würde ja sajen«, antwortet Peter, »det is'n Eichhörnchen, aba wie ick Ihnen kenne, Herr Lehrer, kann et sich wieda nur um det liebe Jesuskindlein handeln.«

*

Zwei Jungen kommen aus der Schule, und der eine fragt:

»Kommste zum Spielen?«

»Nee, ick muß Kartoffel schälen.«

»Und dann?«

»Dann muß ick se uffsetzen.«

»Und dann?«

»Dann essen wir zu Mittag.«

»Haste dann Zeit?«

»Nee, dann muß ick abwaschen.«

»Ja sach ma«, wundert sich der eine, »habt ihr denn fürs Jrobe keene Oma?«

*

»Nee, Kleener«, sagt der Straßenbahnschaffner, »für ne Kinderkarte biste schon zu jroß. Du mußt voll bezahlen.«

»Dann lassen Se aba ooch jefälligst det kindliche Duzen!«

Zwei Kinder beobachten ein Brautpaar, das nach der Trauung gerade die Kirche verläßt. Sagt der eine zum anderen: »Paß mal uff, ick erschreck jetzt die beede.«
Danach rennt er auf die beiden zu und ruft: »Hallo, Mami!«

*

»Wat heulste, Kleener?«
»Da hat mir eener meine Stulle in de Spree jeschmissen.«
»Mit Absicht?«
»Nee, mit Käse!«

*

Lehrer: »Wißt ihr, wer die Mutter des Moses war?«
Herta: »Det war die Tochter vom Pharao.«
Lehrer: »Aber wieso denn? Die hat ihn doch nur gefunden.«
Herta: »Sagt sie!«

*

Zwei Jungs sehen auf der Straße einen weit über zwei Meter großen Mann.
»Is der aba lang!« sagt der eine.
»Ja«, sagt der andere. »Wenn der zu Weihnachten kalte Beene kriegt, hat er erst zu Ostern 'nen Schnuppen.«

*

»Wenn ick dir noch mal im Garten treffe«, schimpft der Nachbar, »und sehe, daß de imma nach dem Birnboom kiekst, dann haue ick dir eene runta!«
»Det is aba jut«, ist der Fritze einverstanden, »dann brauch ick nich erst ruffzuklettern.«

91

»So viel über die Strahlenberechnung des Sonnenlichts«, sagt der Lehrer. »Was ist also die Folge, wenn das Licht ins Wasser fällt?«
Fritze: »Es jeht aus, Herr Lehrer.«

*

Lehrer: »Fritz, wieviel ist zwei und drei?«
Fritz: »Fünf.«
Lehrer: »Ganz gut.«
Fritz: »Wat heeßt hier ›janz jut‹? Besser jehts jar nich!«

*

Zwei Berliner Buben sehen einer superschlanken Dame nach. »Mensch Kalle, bei der weeßte ooch nich, wo hinten und wo vorne is, was?«
»Klar weeß ick det, Fritze, wo de Brosche is, is vorne!«

*

In der Drogerie fragt der kleine Atze: »Hamse Schampong?«
»Ja, für fettiges, sprödes, brüchiges oder trockenes Haar?«
»Hamse nich was jejen dreckige Haare?«

*

Ein Fünfjähriger schiebt einen Kinderwagen durch den Grunewald. Ein Herr schaut interessiert in den Wagen und lächelt den Jungen an.
Da schüttelt der Knirps den Kopf: »Nee, nee, ick bin nich der Vata. Ick bin bloß der jroße Bruder.«

»Ick hab die Rejenwürmer nur im Mund, damit se nich türmen!«

oder

Berliner unter sich

Ein Geistlicher fährt durch den Grunewald und hält bei einem Wagen, der eine Panne hat. Der Fahrer flucht unaufhörlich.

Entsetzt hört der Pfarrer zu und sagt: »Wo haben Sie denn diese scheußlichen Flüche gelernt?«

»Wat heeßt hier jelernt?« antwortet der Mann. »So wat kann man nich lernen. Det is Bejabung!«

*

»Ihr Name, Frau...?«
»Ich heiße Neumann.«
»Ihr Alter?«
»Der heeßt ooch Neumann!«

*

Die kesse Lilo steht gerade nackt in ihrem Apartment, als sich ein Fensterputzer außen an ihrem Fenster zu schaffen macht. Er schaut gar nicht in das Zimmer hinein und putzt in aller Ruhe. Da geht Lilo ganz nahe an das Fenster heran, zeigt sich von allen Seiten und öffnet sogar das Fenster. Da sagt er barsch: »Sie ham wohl noch nie 'nen Fensterputzer jesehen, wa?«

*

»Und denn hat er zu mir jesagt, ick wär een Choleriker.«
»Wat is denn det?«
»Weeß ick nich. Aba auf alle Fälle hab ick ihm eene runterjehauen!«

*

»Mensch, hab ick doch am Sonntag beim Rennen hundert Mark verloren.«
»Na, wat rennste auch so!«

95

»Die heutige Jugend hat wirklich keine Manieren«, mekkert ein älterer Herr in der U-Bahn.

»Aba eben hat Ihnen doch ein Kind sein Platz anjeboten«, wundert sich eine Nachbarin.

»Dat schon, aba meene Frau steht imma noch.«

*

In Berlin sollen männliche und weibliche Polizisten in eine gemeinsame Kaserne verlegt werden. Der Chef der Männer hat moralische Bedenken.

»Keine Sorge!« beruhigt ihn die Chefin der weiblichen Polizei. »Meine Mädels haben es nämlich hier!« Und sie tippt sich an die Stirn.

Schnarrt der Mann: »Janz jleich, wo Ihre Mädels et haben, meene Jungs werden et finden!«

Es fragte Orje:

»Wat machste denn?«
»Nischt!«
»Da mach ick mit.«

Dettmann läuft Schlittschuh. Auf dem Havelsee bricht plötzlich das Eis. Er steht bis zum Hals im Wasser und ruft um Hilfe.

Nach längerer Zeit kommt ein älterer Herr vorbei und fragt freundlich: »Na, Sie sind wohl hier Schlittschuh jelaufen?«

»Nee«, sagt Dettmann erbittert. »Ick hab een Bad jenommen und unterdessen is der Teich zujefrorn.«

Auf einer Straßenkreuzung stoßen zwei Autos zusammen. Wütend springen die Fahrer aus ihren beschädigten Fahrzeugen heraus.

»Mann«, brüllt der eine. »Kannst du denn nich kieken?«

»Wieso?« meint der andere. »Hab ick dir etwa nich jetroffen?«

*

»Au, Sie stehen auf meinen Zehen!«

»Det hab ick schon lange jemerkt. Wenn Se mal wieda mit de U-Bahn fahren sollten, dann lassen Se Ihnen jefälligst erst de Hühneraugen schneiden, det man nich so hart steht.«

*

Damaschke kommt auf ein Amt, und seine Sache wird blitzschnell erledigt.

»Wat denn, wat denn«, sagt er erstaunt zum Amtsvorsteher. »Keen Frajebogen, keen Jesuch? Det is woll ja keene richtje Behörde, wa?«

*

»Kennen Sie das Geheimnis des langen Lebens? Man sollte jeden Tag rohe Zwiebeln und Knoblauch essen!«

»Und wie bleibt det een Jeheimnis?«

*

Ein Kollege starb beim Verkehrsunfall. Fenske wird beauftragt, der Witwe das Unfaßbare schonend beizubringen. Er klingelt, und es wird ihm von der Frau des Toten aufgemacht.

»Wohnt hier die Witwe Schulze?«

»Ick bin keene Witwe nich, mein Herr«, sagt die Frau.

Sagt Fenske: »Wollen wa wetten?«

Sagte die nörgelnde Dame zur Verkäuferin: »Diesen Hasen möchte ich auch nicht. Der hat mir zu viele Schrotkörner.«
Verkäuferin: »Dann nehmen Se doch den. Der hat sich die Pulsadern uffjeschnitten.«

*

An einer Bushaltestelle drängen sich die Fahrgäste in einen bereits vollbesetzten Wagen. Ein Musiker mit einem Kontrabaß kommt nicht mehr hinein.
Ruft der Schaffner: »Siehste, Männeken, hättste Flöte jelernt, könntste jetzt noch mitfahren!«

*

»Ach Gnädigste, ich bin so durstig«, klagt der Bettler.
Die Dame bringt ihm ein großes Glas klares Wasser, doch der Bettler lehnt dankend ab.
»Sie sind durstig und wollen trotzdem das Wasser nicht trinken?«
»Nee, Madam, det bekommt mir nich. Ich hab 'ne eiserne Jesundheit, und von dem Wasser könnt se rosten!«

*

Ein erfolgloser Filmautor sagt stolz: »Es gibt schon merkwürdige Gewohnheiten. Ich habe zum Beispiel immer die besten Ideen beim Händewaschen.«
Ein Kollege sagt ganz freundlich: »Mann, Sie wärn ja een zweeta Hitchcock, wenn Se mal richtig baden.«

*

»Als ick damals nach Berlin kam, hatte ick een eenzjet Paar olle Schuhe – un nu hab ick 'ne Million!«
»Ach du meine Jüte! Wo stellen Se die denn alle hin?«

Ein Berliner fährt nach einer durchjubelten Nacht mit dem Taxi nach Hause. Am Schluß zeigt die Taxiuhr 20 Mark an. Sagt der Fahrgast: »Zu dumm, ick hab nur mehr zehn Mark. Fahren Se mich halt den halben Weg wieder zurück.«

*

Tante Isolde ist eine Hypochonderin reinsten Wassers. Jedes Jahr stirbt sie zweimal und fordert dann immer die ganze Familie telegrafisch ans Sterbebett. Ihr Neffe ist schon mehrmals darauf hereingefallen.
Diesmal schickt er bloß ein Telegramm: *Sterbe auch gerade, treffen uns im Jenseits.*

*

»Prima Nelken!« ruft die alte Frieda an ihrem Blumenstand.
»Ham Se nischt anderes?«
»Doch, kalte Beene, aba die kriejen Se nich ins Knopfloch.«

*

»Ede«, sagt ein alter Kumpel, »ick hab jehört, deine Tochter hat jeheiratet. Wat jibst ihr denn mit?«
»Na, Dahlem und Lichterfelde.«
»Wieso det?«
»Janz einfach«, sagt der stolze Brautvater, »ich bettle bloß noch in Steglitz, det andere kriecht mein Schwiejersohn als Mitgift.«

*

Herr von Hackbarth verlangt einen Globus. Der Verkäufer bringt einen, einen zweiten und auch noch einen dritten.
»Zu groß, alles zu groß«, lehnt Herr von Hackbarth ab. »Ick möchte eenen Jlobus, wo Berlin alleene druff is.«

An einer Bushaltestelle steht ein Mann, der unter dem Arm einen Geigenkasten hält.
Stellt sich ein anderer neben ihn und fragt: »Spielen Se Geije?«
»Nee, oder hören Se wat?«

Es fragte Minna, die Perle:

»Kann ick noch in den Tierjarten jehn? Die Nachtigallen singen so scheen.«
»Jehn Se nur. Aba lassen Se die Zijarren von mein Mann da. Nachtigallen roochen nich.«

Atze bringt seine Freundin nach Hause. Eng umschlungen sitzen sie im Taxi. Sie küssen sich und küssen sich, bis es dem Taxifahrer zuviel wird.
»Entschuldigen Se jütigst«, sagt er, »hätten Se wat dajejen, wenn ick mir ooch een Mädchen zum Knutschen hole?«

*

»Unserem Maschinenmeester is heute morjen een Been abjedreht worn.«
»Habt ihr hoffentlich die arme Frau nich jleich mit die volle Wahrheit konfrontiert?«
»Nee, wir ham ihr erst det Been hinjebracht.«

*

»Können Sie Klavier spielen?«
»Weeß nich. Muß mal probieren.«

Ein Mann wendet sich in der überfüllten S-Bahn an seinen Nachbarn: »Sie, Männeken, wie alt sind Sie eijentlich?«
»Vierzig«, sagt der erstaunt.
»Meenen Se nich, det Se denn alt jenug sind, um uff eegene Füße zu stehen und von meenen runterjehen können?«

*

Direktor Ertelt kommt aus dem Urlaub zurück und fragt voller Mißtrauen seinen Prokuristen: »Haben Sie während meines Urlaubs meine Frau verführt?«
Staunt der: »Nee. Aba sollte ick denn?«

Es fragte die Kundin:

»Sind det ooch wirklich holländische Kartoffeln?«
»Wolln Se mit se reden oder wolln Se se essen?«

»Unerhört«, sagt der Passant zum Bettler, »heute morgen hatten Sie ein Schild, daß Sie völlig erblindet seien – und jetzt sitzen Sie da und lesen in einer Zeitschrift!«
»Ick lese doch nich«, verteidigt sich der Bettler. »Ick kieke ma bloß die Bilders an.«

*

Ein Mann bleibt vor einem Blumenstand stehen, betrachtet nachdenklich die verschiedenen Blumen, kann sich aber nicht entscheiden.
Schließlich sagt die Blumenfrau: »Wir werden schon det Passende finden, Herr Jeneraldirektor. Wat ham Se denn ausjefressen?«

Ein Kunstliebhaber besucht eine Ausstellung. Vor einem völlig abstrakten Gemälde bleibt er sinnend stehen. Der Maler eilt herbei und sagt stolz: »Das ist Berlin!«
»Ach nee«, wundert sich der Betrachter. »Wie man sich irren kann. Ick hätt et jlatt für London gehalten.«

*

»Mutta!« wird in einem Hinterhof gerufen.
»Ja, wat denn?«
»Der Mann da...«
»Na, laß ihn doch!«
»Ick hab ihn ja lassen, aba nun will er noch mal!«

*

Der lange Leichenzug fährt die Straße entlang, und ein Mann fragt einen anderen: »Wissen Sie, wer da begraben wird?«
Der nickt und sagt: »Ick jloobe, der vorne in dem ersten Wajen.«

*

»Mensch, passen Se doch uff!« bellt Bolle einen Mann an, der ihm in der U-Bahn auf die Füße tritt. »Ick bin doch keen Laternenpfahl.«
»Det stimmt, sonst wären Se oben heller!«

*

»Papa«, sagt die sechzehnjährige Irene zu ihrem Vater, als er sie aus einem feinen Internat in Hannover abholt, »ick muß dir det noch sajen, daß ick een Kind bekomm!«
»Aba Kind, nu hab ick det ville Jeld für det Internat ausjejeben, und wat is? Du sprichst noch imma Baliner Dialekt!«

In einer Zeitung findet ein Schauspieler die Nachricht von seinem frühen Tod. Sogleich ruft er einen Freund an und fragt: »Haste det jelesen?«
»Klar«, erwidert der. »Und woher telefonierste?«

*

Ein reich gewordener dicker Mann trifft einen Schulfreund und gibt an: »Ick hab jetzt een eijenet Pferd. Bin heute morgen zwei Stunden jeritten.«
»Und wie jehts jetzt dem Gaul?«

*

Bevor die Gäste von Frau Brunner etwas zu essen bekommen, malträtiert sie sie mit ihrem Klavierspiel. Als sie wieder ein Stück beendet hat, sagt sie: »Det wa Siegfrieds Tod.«
Ertönt eine Stimme von ganz hinten: »Versteh ick jut!«

*

Aus einem Toilettenhäuschen stürmt ein junger Mann heraus und läuft davon.
Ruft die Wärterin: »Haltet den feste – det is 'n Zechpreller!«

*

»Ich hätte gerne zwei Pfund Schweinekamm, Meister.«
»Gerne, meine Dame, det wern wa jleich ham.«
»Aber bitte ein ganz besonders schönes Stück muß es sein.«
»Na, wat Schöneret jibt et doch wohl jar nich, liebe Dame. Kieken Se mal, det Schwein muß ja jeradezu een Mannekeng jewesen sein.«

Schulze bekommt zum Geburtstag von seinem Freund ein Barometer geschenkt. Er betrachtet das Gerät und sagt: »Det is ne Wucht. Nun zeig mir nur noch, wo ick dran drehn muß, wenn ick schönes Wetter haben will.«

*

Ein nervöser Herr läßt sich vor dem Landgericht absetzen. Er will gleich losrasen und sagt zu dem Taxifahrer: »Warten Sie, ich bin gleich zurück.«
Der hält ihn zurück und bedauert: »Kommt jar nich in die Tüte! Uff die Fuhre von jestern müßt ick een janzes Jahr warten.«

Es grüßte ein Berliner einen anderen und fragte:

»Moment – woher kennen wir uns eijentlich?«
»Jar nich – verjrüßt.«

»Jetzt möcht ick 'ne Molle zischen.«
»Und ick möchte ma wieda bei Kempinski essen.«
»Nanu, hast du schon mal bei Kempinski jejessen?«
»Nee – aba jemocht.«

*

Ede sitzt am Müggelsee und angelt. Kommt ein Freund vorbei und fragt: »Du, Ede, läßt du mir mal von deine Stulle abbeißen?«
»Ick hab doch keene Stulle!«
»Wat kauste denn da?«
»Ick kaue doch nich. Ick hab die Rejenwürmer nur im Mund, damit se nich türmen.«

Binkowski hat die Angewohnheit, bei der Arbeit immer zu pfeifen.

Schließlich wird es dem Chef zu dumm, und er brüllt: »Pfeifen Se nich imma diese dämlichen Schlager!«

Schnauzt Binkowski zurück: »Bei dem Lohn können Se wirklich keene Opernarien erwarten!«

*

Alsmaski springt von der Straßenbahn und setzt sich dabei heftig auf seine vier Buchstaben.

»Sind Sie hingefallen?« fragt ein Passant.

»Jefallen?« sagt Alsmaski. »Nee, ick steije imma so aus.«

*

»Woher kommste?«

»Vom Angeln.«

»Wat haste denn jeangelt?«

»Karpfen.«

»Wie ville?«

»Nich eenen.«

»Woher willste denn wissen, dat de Karpfen jeangelt hast?«

*

Zwei Freunde treffen sich nach langer Zeit wieder.

»Na, wie jeht's denn?« fragt Bolle. »Haste noch mehr Kinder jekriecht?«

»Janz bestimmt nich«, sagt der Freund. »Lieste denn keene Zeitung nich? Da steht doch drin, daß jeda fünfte Mensch een Chinese wird.«

»Na und?«

»Mensch«, tippt sich der Freund an die Stirn. »Ick bin doch nich doof. Wo ick schon viere habe.«

Schuhputzer zur Passantin: »Gnädige Frau, ich putze Ihre Schuhe so blank, daß Sie Ihr Gesicht darin spiegeln können.«
Die Dame wehrt ab.
Schaut der Schuhputzer sie an und meint verständnisvoll: »Na gut, verdenken kann ich's Ihnen nicht.«

Es sagte der Obsthändler auf dem Markt:

»Immer ran, meine Damen. Echte Blutorangen, alle weech und saftig! Da können Se Ihr Jebiß ruhig in de Kommode lassen!«

Das Liebespaar hat es sich auf dem Rücksitz des Taxis bequem gemacht.
»Wohin?« fragt der Fahrer.
»Ejal«, antwortet der junge Mann. »Hauptsache, det Pflasta is holprig.«

*

In der Konditorei: »Juten Tach, ick möchte Rumkugeln.«
»Wenn's Ihnen Spaß macht, wir ham jerade jewischt.«

*

Aufgeregte Menschenansammlung. Ein Mann kommt hinzu und fragt einen der Herumstehenden: »Wat is denn hier los?«
»Keene Ahnung. Der letzte, der et jewußt hat, is vor drei Minuten wechjejangen.«